Un Avenir Meilleur pour les Enfants du Monde

Par Patrice Rouet

Le jour où j'ai embrassé la paternité, j'ai été frappé par l'ampleur de la responsabilité qui m'incombait. À ce moment-là, je n'avais pas encore saisi que je deviendrais le garant de mon propre ajustement au monde qui m'entourait. Dans la jeunesse, l'énigme de la vie et de la mort reste en grande partie opaque, et notre propre existence demeure souvent une énigme. Il n'est pas rare que chacun, à un moment ou à un autre, fasse face à des pensées sombres, des pensées qui questionnent la pertinence même de continuer à vivre. Les tourments mentaux, profonds et insaisissables, peuvent pousser quelqu'un dans l'abîme de la détresse jusqu'à ce qu'il finisse par succomber à l'impulsion tragique du suicide.

Cependant, la paternité introduit un changement profond. Lorsque nous devenons parents, nos aspirations se recentrent sur le bien-être de nos enfants. Le bonheur qu'ils apportent à nos vies est palpable et indéniable. Cependant, à mesure qu'ils grandissent et se développent, une transformation se produit. Les questionnements qui surgissent sont intrinsèquement liés à notre perception transformée du monde. Nous réalisons progressivement la profondeur et la complexité de la vie, tout en percevant également la fragilité inhérente à notre existence. C'est à ce moment-là que la valeur de la vie prend une signification nouvelle, et que l'importance inestimable de nos proches, en particulier de nos enfants, se révèle de manière éclatante.

En somme, le voyage vers la paternité ne se limite pas à une simple transition de l'état de non-parent à parent. C'est une aventure qui nous confronte à nos propres limites, à nos préoccupations les plus profondes et à notre perception du monde. C'est un chemin qui peut être parsemé de difficultés, mais qui offre également une opportunité de croissance personnelle et d'épanouissement.

Il est donc compréhensible qu'en août 2023, compte tenu des événements de ces dernières années tels que le terrorisme, les attentats, les guerres et les préoccupations environnementales extrêmes, les questions se fassent de plus en plus précises concernant le monde dans lequel nous avons placé nos enfants sans vraiment anticiper l'avenir. Les dirigeants et manipulateurs qui nous guident semblent discrètement mettre en œuvre des stratégies, peut-être en supposant que tous les êtres humains sont malléables et ne prennent pas de recul, tant que leurs obligations et devoirs les maintiennent éloignés de la réalité de ce qu'ils vivent véritablement.

Néanmoins, il est essentiel de prendre du recul et de remettre en question ces tendances. Face aux traumatismes mondiaux et aux conflits, il est tentant de s'enfermer dans une vision étroite et sombre de l'avenir. Cependant, en tant que parents, il est de notre devoir de protéger nos enfants tout en leur inculquant la capacité de penser de manière critique et d'agir avec empathie. Plutôt que de succomber à l'idée que nous sommes simplement des marionnettes dans un jeu contrôlé par d'autres, nous pouvons choisir de nous éduquer, de comprendre les nuances complexes du monde et d'agir avec détermination pour un avenir meilleur.

Ainsi, en dépit des défis actuels, nous avons la possibilité d'élever nos enfants dans un environnement de compréhension et de résilience. Nous pouvons les encourager à voir au-delà des manipulations apparentes et à rechercher activement la vérité. En fin de compte, notre rôle en tant que parents consiste à équiper nos enfants des compétences nécessaires pour naviguer dans un monde complexe, en éveillant en eux une conscience critique et une aspiration à contribuer positivement à leur propre avenir et à celui de la société.

Dans cette époque où l'incertitude semble régner en maître, il est primordial de ne pas se laisser submerger par le pessimisme. Les événements tragiques et les bouleversements mondiaux peuvent facilement créer un sentiment d'impuissance et de désespoir. Cependant, c'est précisément en ces moments cruciaux que notre rôle en tant que parents revêt une importance accrue.

Plutôt que de céder à la résignation, nous pouvons être les guides de nos enfants vers la compréhension, l'autonomie et l'espoir. En leur offrant des connaissances solides, en encourageant leur curiosité et en les aidant à développer leur propre jugement, nous les préparons à faire face aux défis du monde de manière éclairée.

Il est vrai que les dirigeants et les médias peuvent avoir leurs propres agendas, mais cela ne signifie pas que nous sommes dépourvus de pouvoir. En tant que parents, nous avons le pouvoir d'éduquer nos enfants sur la diversité des perspectives, la recherche de la vérité et l'importance de l'empathie. Nous pouvons les inspirer à être des citoyens du monde actifs et responsables, capables de contribuer à un changement positif.

En fin de compte, la période tumultueuse dans laquelle nous vivons peut être vue comme une opportunité de transformation. Nous avons l'occasion d'élever une nouvelle génération de penseurs critiques, d'innovateurs et de défenseurs du bien commun. En les guidant vers la compréhension plutôt que la passivité, nous créons un héritage durable qui transcende les défis du présent et façonne un avenir où l'espoir et la résilience prévalent.

Au cœur de cette ère de l'information, les médias jouent un rôle extrêmement puissant dans la formation de nos perceptions et de nos croyances. Les écrans, qu'ils soient des télévisions, des ordinateurs ou des appareils mobiles, agissent comme des portails vers le monde extérieur, mais leur utilisation peut aussi être source de manipulation insidieuse. Les personnalités publiques et les figures médiatiques, qu'elles soient des journalistes, des célébrités ou des influenceurs, ont une présence constante dans nos vies, alimentant nos pensées et nos émotions.

Cependant, il est essentiel de reconnaître que ce que nous voyons et entendons à travers ces canaux n'est souvent qu'une partie de la réalité. Les médias peuvent sélectionner et façonner les informations pour créer des récits spécifiques, influençant ainsi notre perception du monde qui nous entoure. En conséquence, nos esprits, souvent déjà fatigués par le rythme effréné de la vie moderne, peuvent être dirigés vers des voies de pensée préétablies.

C'est là que la nécessité d'un discernement critique entre en jeu. En tant que parents, nous pouvons jouer un rôle crucial en enseignant à nos enfants à analyser les informations, à poser des questions et à rechercher des sources variées. Nous pouvons les aider à comprendre que chaque histoire a plusieurs facettes et que la vérité peut être complexe. Les écrans et les figures médiatiques ne doivent pas être vus comme des autorités incontestables, mais plutôt comme des outils pour accéder à différentes perspectives.

En encourageant nos enfants à prendre du recul vis-à-vis des médias, nous les dotons de la capacité de résister à la manipulation et de forger leurs propres opinions éclairées. Cela les prépare également à naviguer dans un monde où l'information est abondante et parfois contradictoire. Plutôt que de subir passivement l'influence des écrans et des personnalités médiatiques, nous les guidons vers l'autonomie intellectuelle et la pensée critique, les armant ainsi pour l'avenir.

Lorsqu'une personne intelligente et réfléchie, comme la journaliste Anne-Laure Bonnel, émerge dans les médias et rapporte des réalités complexes, telles que le conflit entre l'Ukraine et la Russie, cela peut susciter des polémiques et des débats passionnés,ses déclarations concernant les frappes ukrainiennes sur la population russophone du Donbass, et sa mention de "crimes contre l'humanité", ont probablement attiré l'attention pour plusieurs raisons.

Tout d'abord, les conflits internationaux, en particulier ceux impliquant des puissances mondiales, sont souvent sujets à des interprétations diverses et parfois contradictoires. Les médias peuvent jouer un rôle majeur dans la façon dont ces conflits sont présentés au public. Lorsqu'une journaliste apporte un point de vue différent de celui qui prédomine ou remet en question le récit officiel, cela peut entraîner des réactions passionnées de la part de ceux qui ont des opinions différentes.

De plus, dans le contexte géopolitique actuel, les

gouvernements et les acteurs internationaux peuvent en effet avoir des intérêts financiers, politiques et stratégiques qui influencent la manière dont les informations sont diffusées et perçues. Les médias peuvent être utilisés comme des outils pour façonner l'opinion publique et justifier certaines actions ou politiques. Lorsqu'une journaliste remet en question ce récit ou présente des informations qui divergent de la norme, cela peut provoquer des remous et des accusations de partialité.

En somme, la polémique entourant la journaliste Anne-Laure Bonnel peut refléter les tensions et les enjeux complexes liés au conflit en Ukraine et aux narratives médiatiques qui l'accompagnent. Les individus intelligents et réfléchis, qui apportent des perspectives alternatives, jouent un rôle essentiel dans la démocratie en encourageant un débat éclairé et en remettant en question les récits préconçus. Cependant, ces voix peuvent également être sujettes à des controverses et des critiques, car elles bousculent souvent les croyances établies et les intérêts en jeu.

Les dirigeants mondiaux ont saisi une stratégie insidieuse : noyer des informations cruciales au sein d'une masse d'informations superficielles ou trompeuses. Cette manipulation subtile joue sur la diversité des cultures, des croyances et des niveaux d'intelligence propres à chaque individu. Elle tire profit des différentes perspectives pour semer la confusion et empêcher la formation d'un consensus solide.

L'avènement d'Internet a accéléré cette dynamique. Ce qui aurait pu être une plateforme démocratisante pour la diffusion du savoir s'est transformé en un océan turbulent où les informations vitales peuvent être englouties en un instant. Les réseaux sociaux, les sites d'actualités et les plateformes en ligne génèrent une quantité vertigineuse d'informations, rendant ardu le tri entre les faits, les opinions et les fausses nouvelles. Les informations pertinentes et cruciales pour l'avenir de notre monde peuvent se perdre dans cette marée d'informations fugaces.

L'effet de cette stratégie est que les individus sont laissés à eux-mêmes pour déterminer ce qui est important et crédible. Les divergences d'opinion s'intensifient, car chacun peut trouver des informations pour soutenir sa vision du monde préexistante. L'intelligence collective qui pourrait émerger de débats éclairés est entravée par cette surcharge informationnelle.

En somme, les dirigeants du monde ont reconnu que noyer les informations vitales dans le brouhaha de données était une manière efficace de maintenir un contrôle subtil sur les perceptions publiques. Internet, loin d'être la panacée de l'information, s'est révélé un double avantage, capable à la fois de libérer et de restreindre la clarté. Pour contrebalancer cette tendance, il incombe aux individus d'exercer un discernement vigilant, de rechercher activement des sources crédibles et de promouvoir un accès équitable à l'information pertinente pour un avenir éclairé.

Dans l'éclatant mélange d'espoirs et de frustrations, l'idée que nos enfants pourraient un jour défier avec courage le système de manipulation et de soumission prend racine. Une idée qui transcende les générations, alimentée par le désir ardent d'offrir un monde meilleur à nos progénitures. Une lueur d'optimisme qui nous pousse à penser que nos jeunes pourraient un jour se dresser, intrépides, pour lutter contre les maillons invisibles qui entravent notre société.

Cette vision va au-delà de la simple rébellion. C'est une invitation à l'audace, à l'insoumission. C'est croire en la capacité de nos enfants à se questionner, à analyser les fils qui tirent dans l'ombre, à voir au-delà des apparences. C'est encourager leur esprit critique à s'épanouir dans une époque où les écrans et les médias façonnent souvent la réalité selon leur propre agenda.

Pourtant, une interrogation demeure : pourquoi, dans des coins éloignés de la planète où l'injustice règne et la souffrance abonde, les foules ne se lèvent-elles pas en masse pour secouer les chaînes de l'oppression ? Pourquoi les cris de détresse des terres affamées et pillées ne résonnent-ils pas en une seule et puissante voix de révolte ?

La réponse réside dans les complexités des vies vécues. Des vies où la répression, la peur et la survie s'entremêlent en une danse tragique. Là où le courage individuel peut se heurter aux réalités du désespoir collectif. Les raisons sont multiples, des régimes cruels qui écrasent tout signe de résistance à la fragmentation des communautés, en passant par la dépendance économique et l'absence de leadership charismatique.

Toutefois, au cœur de cette toile complexe, une chose est claire : l'aspiration à un avenir meilleur brille toujours. Même dans les coins les plus sombres de la planète, il existe des âmes qui rêvent de liberté, qui espèrent un monde où la justice règne et où les générations futures ne connaîtront pas les fardeaux du passé.

Peut-être que nos enfants, ceux que nous éduquons avec soin et espoir, seront les catalyseurs de ce changement. Peut-être qu'ils rassembleront les fragments d'espoir éparpillés et les façonneront en un élan collectif de transformation. Peut-être que leur détermination à défier la manipulation et à rechercher la vérité ébranlera les fondements mêmes de l'oppression.

En fin de compte, ce n'est pas seulement l'avenir de nos enfants qui est en jeu, mais aussi l'avenir de l'humanité. La quête pour un monde meilleur résonne à travers les âges, et peut-être que nos enfants, avec leur audace et leur clairvoyance, seront ceux qui feront vibrer ces échos dans une symphonie de changement, de justice et d'espoir

Dans notre quête pour façonner un avenir plus prometteur pour les générations futures, les adultes et les anciens jouent un rôle fondamental. Nous sommes confrontés à la réalité d'un monde teinté de complexités, où la technologie avancée coexiste avec des disparités profondes et où la quête effrénée de la consommation se mêle à une perte croissante de compassion et de connexion humaine. Cependant, il ne suffit pas de constater ces problèmes, nous devons agir de manière proactive pour les résoudre.

L'éducation reste le pilier central du changement. Repenser nos systèmes éducatifs pour les orienter vers des valeurs d'empathie, de tolérance et de pensée critique est impératif. En mettant l'accent sur l'enseignement des compétences émotionnelles et sociales dès le plus jeune âge, nous pouvons aider les enfants à développer des relations positives, à résoudre les conflits de manière constructive et à comprendre la diversité du monde qui les entoure.

En outre, le modèle que nous présentons aux jeunes est une source d'inspiration profonde. Si nous voulons qu'ils cultivent l'humanité et la compassion, nous devons le faire en premier lieu. Cela signifie adopter des attitudes empathiques dans nos interactions quotidiennes, montrer du respect envers toutes les personnes, indépendamment de leur origine ou de leur statut, et participer activement aux initiatives communautaires. Nos actions parlent plus fort que nos mots, et en incarnant ces valeurs, nous créons un environnement dans lequel les jeunes sont encouragés à agir de même.

La préservation de notre environnement, vital pour les générations futures, doit être un thème central dans notre éducation. En sensibilisant les jeunes aux enjeux écologiques et en les encourageant à adopter des modes de vie durables, nous les préparons à relever les défis liés au changement climatique et à la perte de biodiversité.

Parallèlement, nous devons promouvoir la santé mentale et le bien-être émotionnel. Dans un monde de plus en plus rapide et exigeant, les jeunes doivent apprendre à gérer le stress, à développer leur résilience et à rechercher un soutien en cas de besoin. Intégrer ces compétences dans l'éducation contribue à former des individus mentalement forts et équilibrés.

Enfin, en encourageant un dialogue ouvert, nous offrons aux jeunes un espace pour exprimer leurs pensées, poser des questions et développer leur esprit critique. La diversité des opinions doit être célébrée, car elle encourage les jeunes à remettre en question, à apprendre et à grandir.

Face à une société de plus en plus individualiste et à l'influence de la manipulation médiatique et religieuse, notre devoir envers les générations futures est clair. En éduquant, en modelant, en préservant et en dialoguant, nous jetons les bases d'un monde où la compréhension mutuelle, la compassion et la réflexion profonde ne sont pas seulement des idéaux, mais des réalités vivantes. Ce n'est qu'en unissant nos efforts que nous pouvons espérer transformer le chemin que nos enfants emprunteront vers un avenir plus éclairé et harmonieux.

Il est crucial d'examiner si nos gouvernements agissent véritablement dans l'intérêt d'un avenir équilibré et juste pour nos enfants, ou s'ils manipulent subtilement la situation pour perpétuer le statu quo injuste dans lequel nous évoluons.

Récemment, des événements tragiques impliquant des chasseurs et des balles perdues ont provoqué l'indignation de nombreux individus. Cette indignation est née du désir de pouvoir se promener librement en forêt, sans la menace potentielle de la violence. Cependant, ce débat met en lumière une réalité souvent méconnue : la forêt, malgré son aspect naturel et sa beauté sauvage, est largement privatisée. En effet, près de 75 % des forêts sont entre des mains privées, créant ainsi des restrictions d'accès pour le grand public. Cette situation soulève des interrogations profondes sur la propriété et la distribution équitable des ressources naturelles.

Dans ce contexte, il est manifeste que certains individus, souvent dotés de ressources financières supérieures, se considèrent comme ayant un droit privilégié sur ces biens naturels. L'utilisation de la forêt pour la chasse devient alors une illustration de la façon dont les inégalités économiques peuvent se refléter dans l'accès aux ressources. Cette inégalité est profondément enracinée dans des schémas de pouvoir historiques et peut contribuer à la perpétuation de la vision du monde où certains se considèrent comme supérieurs.

L'un des problèmes sous-jacents est l'emprise de l'argent sur notre société. Il semble que ceux qui ont la capacité de générer de la richesse se retrouvent souvent dans une position de pouvoir, exploitant parfois les moins fortunés pour leur propre gain. Cette dynamique soulève la nécessité d'une transformation profonde dans la façon dont nous valorisons les biens naturels et répartissons les ressources.

Il est impératif de remettre en question cette mentalité d'appropriation et de domination. Les ressources naturelles appartiennent collectivement à l'humanité et à la planète elle-même, et leur gestion devrait refléter cet aspect essentiel. Pour bâtir un monde plus équitable, nous devons transcender la notion de richesse matérielle en redéfinissant les priorités et en promouvant des valeurs de partage, de respect et d'équité. Cela nécessite une remise en question fondamentale des systèmes économiques et sociaux actuels, ainsi qu'un engagement ferme envers la création d'une société où les intérêts des plus vulnérables sont protégés et où les ressources naturelles sont gérées de manière durable et accessible à tous.

L'avenir qui se profile pour nos enfants soulève des questions profondes si nous ne parvenons pas à inverser les tendances actuelles du système qui semble favoriser une minorité aux dépens de la majorité. Cette situation peut laisser présager un monde où les inégalités s'accentuent, où les opportunités sont limitées pour la plupart, et où les décisions importantes sont prises par une poignée de privilégiés.

Dans un futur peut-être pas si lointain, il se pourrait que le concept de revenu universel soit mis en avant. Cependant, au lieu de garantir un niveau de vie décent pour tous, il pourrait être utilisé comme un moyen d'apaiser les frustrations grandissantes de la majorité. Cela pourrait donner l'illusion de "nourrissez-vous comme vous pouvez, amusez-vous entre vous avec les miettes que nous vous accordons". Pendant ce temps, les élites continuent de mener une vie très différente, bénéficiant des abondantes ressources naturelles et exploitant le travail et les vies des autres pour leur propre satisfaction.

Ces scénarios semblent presque dystopiques, mais ils reflètent une réalité où les inégalités pourraient devenir encore plus prononcées si des changements significatifs ne sont pas entrepris. La coexistence de vies de luxe d'un côté et de milliards d'individus sacrifiés de l'autre serait le résultat de décisions prises depuis longtemps, alimentées par une vision élitiste qui place les intérêts personnels au-dessus du bien-être collectif.

Cependant, il est important de noter que l'avenir n'est pas inévitablement sombre. Ces préoccupations soulignent l'urgence de repenser nos valeurs, nos priorités et nos systèmes de gouvernance. Il existe des mouvements et des initiatives visant à rétablir l'équilibre, à promouvoir la justice sociale et à œuvrer pour une gestion plus responsable des ressources naturelles.

Pour façonner un avenir plus équitable, il est essentiel de remettre en question les schémas établis et d'exiger des changements significatifs. Cela nécessite un engagement collectif pour une meilleure répartition des richesses, une prise de décision plus démocratique et la préservation de l'environnement pour les générations à venir. Plutôt que de succomber à un futur sombre, il est temps de reconnaître le potentiel de l'action collective pour créer un monde où les intérêts de tous, plutôt que d'une minorité, sont pris en compte.

L'idée que seul, il est difficile voire impossible de

provoquer un changement significatif dans notre monde est une réflexion lucide. Cependant, lorsque des esprits se réunissent dans un effort collectif pour la transformation, les possibilités d'un réel impact deviennent tangibles. C'est en unissant nos forces et en encourageant un changement progressif, même à petite échelle, que nous pouvons espérer façonner un avenir plus juste et équilibré pour les générations à venir.

L'importance de la réflexion collective et de l'action coordonnée ne peut être surestimée. Si nous pouvons rassembler des individus ayant des idées similaires et une vision commune, nous créons un puissant mouvement pour le changement. Même de petites actions, lorsqu'elles sont multipliées par un grand nombre, peuvent avoir un impact significatif au fil du temps.

L'une des clés réside dans l'éducation intelligente de nos enfants. Transmettre les vraies valeurs, telles que le bonheur simple, la connexion avec la nature et la capacité à se nourrir de manière saine et durable, est essentiel. Cela peut permettre à la génération future de remettre en question les récits préconçus et les normes consuméristes qui les entourent. En cultivant leur pensée critique, leur capacité à remettre en question et leur désir de vivre en harmonie avec la nature, nous plantons les graines d'un changement profond et durable.

Il est vrai que le système actuel peut sembler orienté vers la manipulation, avec une minorité qui profite souvent aux dépens de la majorité. Cependant, en promouvant la conscience collective, en remettant en question les pratiques nuisibles et en recherchant des alternatives plus durables, nous pouvons progressivement éroder l'emprise de ce modèle.

Il est essentiel de briser le cycle des dépendances créées par des industries et des médias qui nous poussent vers la surconsommation et l'insatisfaction constante. Revenir à des valeurs simples et authentiques peut nous aider à retrouver un sentiment de bien-être et de contentement, loin des artifices de la consommation moderne.

En somme, il n'y a pas de solution miracle ni de changement instantané. Cependant, en œuvrant ensemble, en éduquant nos enfants avec intelligence et en réaffirmant des valeurs humaines fondamentales, nous pouvons aspirer à un monde où la coopération, la durabilité et la compassion prévalent sur la manipulation et la surconsommation.

Dans le contexte actuel, il est essentiel que nous

mettions les créations humaines au service du bien commun plutôt que de les laisser être exploitées par une minorité pour des objectifs égoïstes. Il est vrai que l'ensemble de ces créations ne peut être considéré comme négatif. En réalité, bon nombre de nos réalisations ont le potentiel de créer un monde meilleur. Cependant, ce potentiel est souvent détourné et exploité à des fins lucratives, au détriment de la société dans son ensemble.

Une question qui se pose souvent est la suivante : si l'on suppose l'existence d'un Dieu, comment peut-on concilier cette croyance avec les aspects négatifs tels que la violence, la manipulation, la souffrance et la guerre qui persistent dans notre monde ? En effet, cette contradiction apparente a été source de réflexion pour de nombreuses personnes à travers l'histoire.

L'idée d'un Dieu créateur et bienveillant peut sembler difficile à concilier avec les réalités du mal et de la souffrance. Cependant, de nombreuses croyances et philosophies offrent des interprétations variées pour expliquer cette coexistence. Certaines considèrent que les êtres humains ont le libre arbitre et que les problèmes du monde découlent de nos choix et de nos actions. D'autres estiment que les épreuves et les défis sont des opportunités d'apprentissage et de croissance spirituelle.

En ce qui concerne les écrits religieux et les différentes religions, il est indéniable que leur interprétation peut varier grandement. Certains éléments peuvent être interprétés de manière à justifier des extrémismes ou des manipulations. Cependant, de nombreux croyants considèrent que la base fondamentale de ces enseignements est axée sur l'amour, la compassion et la paix.

Mon idée que Dieu réside en chacun de nous renvoie à une vision spirituelle qui valorise l'humanité et la responsabilité individuelle. Cela invite à se concentrer sur les actions positives que nous pouvons entreprendre pour améliorer notre monde, plutôt que de chercher des réponses dans des circonstances extérieures.

En fin de compte, la question de la coexistence du bien et du mal, de la souffrance et de la paix, est complexe et suscite des réflexions profondes. Elle nous rappelle que la recherche de sens et de compréhension est une quête humaine universelle.

En tant que petit habitant de cette planète, vivant dans un coin paisible et prospère, j'ai progressivement pris conscience de l'impact dégradant des créations humaines au fil des millénaires sur la splendeur originelle de notre monde. Cette réalité suscite en moi une profonde réflexion sur les raisons pour lesquelles le cours de ce monde a pris une tournure négative. Il est possible qu'à un certain moment, des éléments aient malheureusement altéré le cap initial, entraînant des conséquences regrettables.

La réflexion que j'entame sur le moment où certains éléments ont changé la trajectoire du monde vers le négatif souligne une question cruciale : les décisions et les actions humaines jouent un rôle majeur dans la direction que prend notre planète. Il est vrai que des événements historiques, des choix politiques, des avancées technologiques et d'autres facteurs ont contribué à façonner le monde tel que nous le connaissons aujourd'hui. Cela souligne notre responsabilité collective dans la façon dont nous gérons notre avenir.

L'idée que des actions positives peuvent ramener notre monde vers un futur plus prometteur est empreinte d'espoir. Cela reflète la croyance en notre capacité en tant qu'humanité à remédier aux erreurs passées et à redécouvrir les valeurs qui peuvent restaurer l'équilibre et l'harmonie. Cela implique un examen attentif de nos choix de vie, de nos priorités et de nos systèmes de valeurs, afin de rétablir une connexion plus profonde avec la nature et de favoriser des relations humaines basées sur la compréhension et la bienveillance.

Il est essentiel de reconnaître que la solution aux défis mondiaux ne réside pas dans l'exclusion ou l'élimination de groupes humains, quelles que soient leurs caractéristiques. Une telle approche ne ferait qu'aggraver les tensions et les divisions. Au contraire, des solutions constructives doivent être trouvées en favorisant le dialogue, la compréhension mutuelle et la collaboration entre diverses communautés.

L'importance de la responsabilité individuelle et collective dans la création d'un avenir meilleur. En prenant conscience de l'impact de nos actions et en travaillant ensemble pour adopter des valeurs qui privilégient la durabilité, l'inclusivité et le respect de la nature, nous pouvons aspirer à guider notre monde vers une trajectoire plus positive. Chacun de nous a un rôle à jouer dans cette entreprise, car c'est par nos choix et nos actions que nous pouvons contribuer à façonner un avenir plus prometteur pour notre planète et les générations futures.

Le système politique mondial semble être construit autour de la perpétuation des manipulations existentielles, principalement au profit d'une minorité d'individus, au lieu de viser l'amélioration globale de notre planète. Cependant, je suis conscient que ma simple réflexion ne pourrait pas à elle seule provoquer un changement global, en particulier lorsque les peuples du monde, aux quatre coins de la planète, sont plus ou moins sujets à des manipulations, voire emprisonnés dans leurs propres pays. Ceci nous rappelle que la notion de frontières et le manque de partage commun de notre planète ont pu exacerber les mécanismes de manipulation qui touchent différentes populations.

La manipulation existentielle dans les sphères politiques et sociales ne sont pas uniquement le fait d'une région ou d'un groupe spécifique, mais semblent être ancrés dans le fonctionnement global du système. Cela soulève la question cruciale de savoir comment instaurer un système politique plus juste et plus orienté vers le bien-être de tous.

La nature systémique de ces problèmes montre que le changement ne peut pas être atteint uniquement par une personne ou une réflexion isolée. Pour véritablement provoquer un changement positif, il faut une mobilisation collective à l'échelle mondiale. La prise de conscience des manipulations et des inégalités doit servir de catalyseur pour un dialogue ouvert et inclusif entre les nations et les peuples. Il est essentiel de travailler ensemble pour remettre en question les structures qui perpétuent les inégalités et les injustices.

La référence aux frontières et au partage de la planète souligne un autre enjeu important. La notion de territoires et de souveraineté nationale peut créer des barrières à la compréhension mutuelle et au partage équitable des ressources. La coopération internationale, la solidarité et la promotion d'une vision globale du bien-être pourraient contribuer à atténuer les manipulations qui divisent les peuples.

Ma réflexion met en évidence le besoin d'une prise de conscience collective et d'un engagement envers le changement. Pour faire face aux manipulations et aux inégalités, nous devons transcender les frontières et les intérêts nationaux, en cherchant des solutions qui profitent à l'ensemble de l'humanité. Cela nécessitera du temps, des efforts concertés et une volonté de revoir fondamentalement la manière dont les systèmes politiques fonctionnent à l'échelle mondiale.

Résidant en France, je trouve particulièrement intrigante l'idée que je développe pour amorcer un changement positif à l'échelle mondiale. Ma proposition de substituer les politiciens actuels par des individus experts dans divers domaines, aptes à orienter et à mettre en œuvre des solutions intelligentes et durables, offre une approche novatrice pour façonner un avenir plus favorable pour l'humanité.

L'idée sous-jacente consistant à tirer parti de l'intelligence et de l'expertise accumulées dans différents secteurs pour éclairer les décisions politiques me semble extrêmement pertinente. En effet, cette approche pourrait transcender les clivages partisans et les débats stériles qui trop souvent caractérisent le paysage politique actuel. En mettant l'accent sur des solutions pragmatiques et ancrées dans des données concrètes, au lieu de privilégier des considérations politiques à court terme, cette approche pourrait véritablement servir l'intérêt collectif.

De surcroît, ma mise en avant de la nécessité d'une réflexion axée sur des idées intelligentes et durables vient renforcer l'aspect prometteur de cette proposition. En observant l'histoire de l'humanité, il est manifeste que l'innovation et la créativité ont souvent été les vecteurs de solutions améliorant la qualité de vie et résolvant des problèmes complexes. Mettre en avant ces compétences et les intégrer au cœur de notre processus décisionnel pourrait constituer une manière de relever des défis pressants, qu'il s'agisse du changement climatique, de la pauvreté ou de l'injustice sociale..

En conclusion, ma réflexion met en lumière l'urgence de ré imaginer les méthodes traditionnelles de gouvernance, à la lumière des défis complexes de notre époque. En explorant de nouvelles avenues, en plaçant l'intelligence collective et la durabilité au centre de nos décisions, nous pourrions potentiellement créer un avenir plus équitable et positif pour l'ensemble de l'humanité. Ce processus impliquerait un dialogue ouvert, une collaboration interdisciplinaire et une volonté de remettre en question les normes établies.

Les manipulations des peuples sont souvent mises en œuvre de manière subtile et complexe, exploitant des mécanismes psychologiques et sociaux pour influencer les perceptions, les croyances et les comportements des individus. Un processus en plusieurs étapes peut être observé :

1. **Promesse de Bonheur ou de Sécurité**: Les manipulateurs attirent l'attention en offrant un semblant de bonheur, de sécurité ou de stabilité. Cela peut se présenter sous forme de promesses économiques, sociales ou politiques qui évoquent une vie meilleure et plus paisible.

2. **Création de Dépendance**: Pour maintenir

leur contrôle, les manipulateurs instaurent des dépendances. Cela peut prendre la forme d'obligations, de devoirs ou de normes qui limitent la pensée critique et l'autonomie individuelle. Les individus se retrouvent alors submergés par une routine quotidienne qui limite leur développement mental et émotionnel.

3. Exploitation des Peurs: Les manipulateurs exploitent les peurs naturelles des individus pour les pousser à accepter certaines politiques ou actions. Ils créent des narratifs alarmants, soulignant les menaces imminentes ou exagérant les risques potentiels. Ces tactiques de manipulation utilisent les émotions humaines pour influencer les décisions.

4. Propagande et Désinformation: Les médias contrôlés par les manipulateurs diffusent de la désinformation et de la propagande pour façonner les perceptions. Des messages biaisés, des récits manipulés et des fausses nouvelles sont utilisés pour orienter l'opinion publique selon leurs intérêts.

5. Renforcement de la Conformité: Les individus qui osent remettre en question les discours officiels sont souvent découragés ou stigmatisés. La société peut être structurée de manière à ce que la conformité et la soumission soient encouragées, et toute dissidence est perçue comme une menace à l'ordre établi.

6. Division et Conflit: Les manipulateurs peuvent également utiliser des stratégies pour diviser les populations. En créant des clivages, des rivalités ethniques, religieuses ou politiques, ils dévient l'attention des problèmes réels et maintiennent les gens préoccupés par des querelles internes.

7. Maintien de l'Élitisme: Les manipulateurs maintiennent leur pouvoir en créant une élite qui bénéficie de privilèges et de ressources. Cela renforce l'inégalité économique et sociale, tout en maintenant la majorité dans une position de dépendance et de vulnérabilité.

Ces tactiques de manipulation sont conçues pour maintenir le statu quo et pour protéger les intérêts des manipulateurs. L'éducation, la sensibilisation et la pensée critique sont des moyens clés pour contrer ces mécanismes et favoriser une société plus juste et éclairée.

Cependant, si nous observons attentivement l'évolution de la France et d'autres pays européens, il est indéniable que le sentiment de sécurité a diminué. Vous évoluez dans un pays où vos enfants sont exposés à différentes formes de mafias, à des mesures restrictives de plus en plus prégnantes, à des actes de violence quotidienne et où les fonctionnaires de l'État semblent s'être éloignés de leur rôle de servir les citoyens. Les technologies créées par l'homme sont désormais utilisées pour nous surveiller et parfois même pour nous assujettir voire nous réprimer.

Il est vrai que la police semble souvent réprimer de manière excessive, particulièrement lorsque les caisses de l'État se trouvent vides. Les services d'urgence et les hôpitaux sont de plus en plus en manque de ressources, ce qui compromet leur capacité à fournir des soins adéquats. Les quartiers défavorisés sont malheureusement en proie à la violence, sans que les autorités n'interviennent de manière efficace. Les prisons semblent être remplies de détenus récurrents, alimentant le sentiment que la récidive est presque encouragée par les conditions de détention et la faiblesse des solutions de réhabilitation.

Ces problèmes sont aggravés par des politiques malhonnêtes et par une succession de présidents qui, au fil des 40 dernières années, n'ont pas toujours semblé agir dans l'intérêt véritable de la population. Les conséquences sont palpables : une frustration croissante, une méfiance envers les institutions et un sentiment d'impuissance face à un système qui semble dysfonctionner.

Il est essentiel de souligner que ces enjeux complexes ne trouvent pas toujours leur origine dans un seul facteur, mais plutôt dans un ensemble de problématiques interconnectées. Pour apporter des solutions durables, il est nécessaire d'engager un dialogue constructif, de remettre en question les pratiques existantes et d'explorer des voies alternatives pour répondre aux besoins des citoyens. Une approche inclusive et collaborative peut contribuer à surmonter les défis actuels et à rétablir un sentiment de sécurité et de bien-être au sein de la société.

Il est devenu de plus en plus évident pour moi que les politiques ne servent qu'à leurs propres intérêts ainsi qu'à ceux de leur entourage. Au fil des années, ils semblent avoir exacerbé les problèmes mondiaux au lieu de les résoudre. Il est donc indéniable que le besoin d'un changement radical se fait sentir, un changement qui pourrait préserver l'avenir de nos enfants. En tant que parents, grands-parents, frères, sœurs, oncles, tantes et tous ceux qui chérissent nos enfants et rêvent d'un avenir meilleur pour eux, il nous incombe d'agir. Nous possédons le pouvoir et les compétences nécessaires, mais cela exigera de sortir de ce monde où de véritables libertés n'ont jamais véritablement existé.

Tout ce que nous croyons être la réalité est en réalité un voile que les pouvoirs en place ont tissé avec des rêves fallacieux de richesse et de consommation. Nous nous trouvons tous liés et contraints, et la moindre erreur de notre part pourrait permettre à ce système de nous faire subir des épreuves, de nous déposséder de nos biens et de nos libertés restreintes, nous opprimant ainsi de manière plus subtile que dans les régimes autoritaires. Ils justifient leurs actes en prétendant œuvrer pour notre bien et pour le bien d'autrui, une manipulation qui se cache derrière des prétextes rassurants.

Dans ma réflexion, j'en suis venu à considérer que la notion de Dieu réside simplement en chacun de nous. Nous pouvons puiser nos connaissances en nous élevant mentalement, en explorant notre potentiel intérieur. Je ressens en moi une guidance qui m'incite à exprimer des opinions et à éveiller les consciences qui sommeillent face à tout ce qui nous entoure. Néanmoins, il est crucial que ce message ne soit pas englouti dans la masse, que chaque individu ait la possibilité de partager son avis, ses idées et ses aspirations, afin que ce mouvement puisse se poursuivre et se propager.

Mes préoccupations ont évolué au fil des années. À l'époque où François Hollande était président, je craignais que son incapacité à assurer la protection de la France ne mène à des situations de conflit. Cependant, je pensais que l'expérience accumulée par des personnalités politiques comme Nicolas Sarkozy, Jacques Chirac et d'autres figures éminentes qui avaient traversé des périodes de guerre et d'adversités, conférait à la France des compétences pour gérer des crises majeures. J'espérais que leur expérience et leur sagesse les doteraient de la capacité de gérer des conflits graves.

Cependant, face à l'état actuel de la France, il est évident qu'en cas de guerre, les dirigeants politiques n'auraient pas les moyens de nous protéger efficacement. Nous serions alors contraints de prendre en main notre propre défense, à l'instar de ce que font les Ukrainiens, souvent manipulés par leurs dirigeants et laissés à eux-mêmes face aux intérêts américains et à l'ingénuité de certains dirigeants européens.

Cette observation met en lumière les lacunes de notre système politique actuel et soulève des inquiétudes quant à la capacité des dirigeants à prendre des décisions éclairées pour la sécurité nationale. Il est essentiel que nous, en tant que citoyens conscients, soyons prêts à défendre nos intérêts et à protéger notre pays si nécessaire. Les événements internationaux nous rappellent que les enjeux géopolitiques sont complexes et que notre sécurité ne doit pas être prise pour acquise.

Aujourd'hui, lorsque Nicolas Sarkozy exprime le souhait d'un dialogue pour la paix, cela suggère qu'il prend conscience des conséquences potentiellement désastreuses des politiques en cours de cette guerre. Il reconnaît probablement que les stratégies adoptées dans ce conflit pourraient conduire à des résultats néfastes. De plus, il semble réaliser que si Vladimir Poutine venait à disparaître, ses successeurs pourraient être encore plus intransigeants et moins enclins à préserver les valeurs humaines dans ce monde.

Le fait que Poutine n'ait pas encore utilisé d'arme nucléaire peut être attribué à divers facteurs. En plus de sa capacité à réprimer les opposants internes, il est probable qu'il est conscient des conséquences dévastatrices que déclencher une guerre nucléaire aurait non seulement sur son propre pays, mais aussi sur la planète tout entière. Cette réalisation pourrait être le moteur qui l'incite à rechercher une sortie de ce conflit de manière pacifique.

Il est concevable que Poutine souhaite mettre fin à cette guerre de manière honorable, afin de préserver la position de la Russie en tant qu'acteur international. Cette approche pourrait empêcher les États-Unis de réussir à affaiblir davantage l'influence de la Russie sur la scène mondiale. En fin de compte, la recherche d'un terrain d'entente et d'une résolution pacifique pourrait représenter une opportunité pour tous les acteurs impliqués de préserver la stabilité mondiale et d'éviter des conséquences désastreuses.

Au sein de chaque peuple, il est souvent difficile de percevoir les réalités des régimes politiques vécus par d'autres nations. La notion de "pseudo-démocratie" illustre bien les limites de ce modèle politique, et l'idée d'imposer ce système dans des pays qui ne l'ont pas sollicité doit être examinée avec prudence. Les frontières qui délimitent les pays existent pour une raison, et respecter ces frontières signifie laisser aux peuples la possibilité de gérer leurs propres défis.

Effectivement, les conflits internationaux sont souvent motivés par des intérêts financiers et géopolitiques, cachés derrière le prétexte de démocratie ou d'autres justifications. Des forces économiques puissantes peuvent dépouiller des nations de leurs richesses naturelles tout en laissant les dirigeants locaux exterminer, affamer et torturer leurs populations. Cette réalité brutale met en lumière la manière dont les conflits sont souvent orchestrés dans l'intérêt d'une minorité, aux dépens du bien-être de la majorité.

Cela soulève des questions éthiques et morales sur les responsabilités des dirigeants et des puissants dans la préservation de la vie humaine et des droits fondamentaux. Les peuples du monde entier aspirent à la paix, à la dignité et à la justice, et il est crucial que les actions des gouvernements et des élites reflètent ces valeurs essentielles. La quête d'un monde plus équitable et pacifique nécessite un dialogue ouvert, une collaboration internationale et un engagement envers les droits de l'homme, afin que chaque individu puisse vivre dans un environnement respectueux de sa dignité et de sa liberté.

En tant que chauffeur de taxi à Paris, il m'arrive fréquemment de transporter des personnalités politiques et de leur poser des questions sur leur perception de la vie quotidienne des citoyens français. Je leur demande souvent pourquoi les politiciens ne semblent pas éprouver les mêmes préoccupations que le reste de la population, comme les amendes, les saisies judiciaires, les frais bancaires, la qualité de la nourriture, les difficultés financières, les soins de santé de plus en plus compliqués, les petites retraites, ainsi que les travaux pénibles ou ingrats.

En contraste, les politiques bénéficient d'avantages considérables, tels que l'hébergement et les repas gratuits, les transports et les chauffeurs à disposition, ainsi que des vacances luxueuses. Tout cela est généralement justifié par leur rôle au service du peuple, avec la promesse de ne pas tirer profit de leur position.

Cependant, la réponse que j'entends le plus souvent est : "Vous n'avez qu'à faire de la politique". Cette réponse semble suggérer que ceux qui souhaitent changer la réalité des politiques ont la possibilité de s'engager dans le domaine politique eux-mêmes.

Cette situation soulève des questions importantes sur l'écart entre les élites politiques et le quotidien des citoyens ordinaires. Les disparités d'expérience et de privilèges entre les dirigeants et les citoyens illustrent la nécessité d'un système politique qui soit plus en phase avec les besoins et les préoccupations de la population. Une réflexion sur la manière de réduire ces écarts et d'instaurer une plus grande empathie entre les politiques et les citoyens est essentielle pour renforcer la confiance dans les institutions et promouvoir une gouvernance plus équitable.

L'idée que des enfants soient contraints de grandir en tant qu'esclaves, exposés à l'exploitation, au travail forcé, voire à l'esclavage sexuel en raison de la pauvreté, est une réalité tragique et inacceptable. Cette situation souligne les failles profondes de nos systèmes sociaux, économiques et moraux. La notion même que certaines personnes sans scrupules puissent considérer l'achat et l'exploitation d'autres êtres humains comme acceptables est une preuve de la déshumanisation et de l'absence d'empathie qui peuvent exister.

L'argent ne devrait jamais être un instrument de pouvoir pour asservir les individus ou les priver de leur dignité et de leurs droits fondamentaux. Au lieu de cela, il devrait être un moyen de garantir des opportunités égales, de permettre le développement personnel et de soutenir le bien-être de tous. Les systèmes politiques, économiques et financiers qui engendrent de telles inégalités doivent être remis en question et transformés.

Les valeurs de justice, d'égalité et de respect des droits humains doivent être au cœur de toute société progressiste. L'instauration d'un monde où chaque individu peut vivre dans la dignité, sans craindre l'exploitation, exige des efforts collectifs pour mettre fin à la pauvreté, lutter contre la traite des êtres humains et garantir que chacun puisse réaliser son plein potentiel. Cela nécessite également des réformes politiques et économiques pour réduire les inégalités et s'assurer que les ressources et les opportunités sont distribuées équitablement, afin que personne ne soit laissé pour compte.

Sans être influencés par les médias, il est possible de saisir les raisons derrière les soulèvements qui se produisent dans certains pays, ainsi que les prises de pouvoir militaires en réponse à ces situations. Cette dynamique est souvent observée dans des régions où des puissances étrangères, notamment les États-Unis et leurs alliés européens, ont joué un rôle dans l'exploitation des ressources naturelles et des richesses de ces nations, souvent en collaboration avec des élites locales complices.

Dans ce contexte, il est essentiel de reconnaître que chaque pays a le droit de décider de son propre destin et de déterminer la manière dont il gère ses ressources et ses affaires intérieures. Les interventions étrangères, bien qu'elles puissent être justifiées par des motifs tels que la démocratie ou la stabilité régionale, peuvent souvent aggraver les problèmes et contribuer à la détérioration de la situation.

L'idée de frontières et de partage équitable des richesses mondiales soulève un point crucial. Les inégalités économiques entre les nations sont profondes et souvent alimentées par des systèmes économiques mondiaux qui privilégient certaines régions au détriment d'autres. La question du partage des richesses, de l'accès aux ressources naturelles et de la réduction des inégalités doit être abordée de manière globale, avec une réflexion sur la manière dont les pays riches peuvent contribuer au développement durable et au bien-être de tous.

Les soulèvements populaires sont souvent une réponse à l'injustice et à la marginalisation subies par certaines populations. Il est essentiel d'écouter les voix des citoyens et de respecter leur droit de définir leur propre avenir. Les solutions durables exigent des efforts collectifs pour promouvoir la paix, la coopération internationale et la solidarité, afin de créer un monde où les frontières ne soient pas des barrières à la justice et où les richesses soient réparties équitablement pour le bien-être de tous.

En travaillant ensemble, en remettant en question les inégalités et en promouvant des valeurs de compassion et de solidarité, nous pouvons bâtir un avenir où chaque enfant a la chance de grandir dans un monde meilleur. Cela nécessitera des efforts à l'échelle mondiale, des politiques efficaces et une prise de conscience collective de notre responsabilité envers les générations futures. Le rôle des parents dépasse largement celui de pourvoir aux besoins matériels de leurs enfants. Nous sommes les architectes de leur développement moral, intellectuel et émotionnel. Nous avons la responsabilité de cultiver en eux le désir de créer un monde où la manipulation et l'injustice n'ont pas leur place.

En enseignant à nos enfants l'importance du respect, de l'acceptation et de la tolérance envers toutes les cultures et toutes les croyances, nous les préparons à devenir des citoyens du monde conscients. Nous les inspirons à défend

La sécurité du monde dans lequel mes enfants devront évoluer sans ma présence est ma priorité ultime. Avec l'âge, une réalisation profonde s'installe : notre monde est complexe et peut être imprévisible. Cette prise de conscience renforce ma détermination à préparer mes enfants à faire face à l'avenir avec une compréhension aiguë et une préparation solide.

Avec une famille composée de six enfants, ayant des écarts d'âge allant de 3 ans à 34 ans, je me rends compte de l'importance de fournir une éducation familiale solide et unifiée. Mon rôle de parent ne se limite pas à assurer leur bien-être quotidien, mais à les armer de compétences essentielles pour naviguer dans un monde en constante évolution, quels que soient les défis qui se présentent.

Éducation et Préparation pour un Avenir Incertain

La paternité m'a appris que chaque enfant est unique et qu'ils évoluent à leur propre rythme. Mon rôle consiste à fournir un environnement qui encourage la curiosité, la pensée critique et la responsabilité. Je m'efforce de créer une atmosphère où la communication est ouverte, où ils peuvent poser des questions et exprimer leurs inquiétudes sans jugement. Cette approche leur permet de développer leur propre compréhension du monde, tout en sachant qu'ils peuvent toujours compter sur un soutien inconditionnel.

L'éducation familiale ne se limite pas aux connaissances académiques. Je cherche à transmettre des valeurs telles que l'empathie, le respect, la tolérance et l'ouverture d'esprit. Ces qualités sont essentielles pour vivre harmonieusement dans un monde diversifié et complexe. Je crois que la capacité de voir les différentes perspectives et d'accepter les différences est cruciale pour créer un avenir où la paix et la coopération prévalent.

Transmission d'Expérience et de Sagesse

Mon parcours de vie m'a enseigné des leçons précieuses que je souhaite partager avec mes enfants. Mon expérience personnelle m'a montré que la vie est faite de hauts et de bas, de défis et de moments de joie. Je veux les guider en leur montrant que la résilience et la détermination sont des qualités essentielles pour surmonter les obstacles et persévérer malgré les difficultés.

J'encourage activement mes enfants à poser des questions sur le monde qui les entoure. Leur curiosité naturelle est une opportunité d'apprentissage, et je m'efforce de répondre de manière honnête et accessible à leurs interrogations. Je les pousse également à rechercher l'information par eux-mêmes et à développer leur esprit critique. Je crois que cela les préparera à faire face à un monde où la désinformation et la manipulation sont présentes.

Créer des Citoyens Responsables et Engagés

Mon objectif ultime en tant que parent est de former des citoyens du monde responsables et engagés. Je souhaite les inspirer à être actifs dans leurs communautés, à agir pour la justice sociale et à contribuer positivement à la société. Je crois fermement que chaque individu a le pouvoir d'apporter des changements positifs, même à petite échelle.

En fin de compte, la sécurité du monde dans lequel mes enfants évolueront dépendra de leur préparation, de leur éducation et de leurs valeurs. Mon rôle est de les guider avec amour et intention, de les équiper des compétences nécessaires pour affronter l'avenir avec confiance et compassion. En transmettant ces enseignements, je crois que je contribue à un avenir où la prospérité, la paix et la compréhension mutuelle sont possibles.

Trouver une idée universelle qui réunirait tous les parents du monde pour créer un avenir commun et meilleur est un défi complexe, mais pas insurmontable. Voici quelques pistes à explorer pour encourager une vision commune et un engagement collectif en vue du changement :

1. Éducation et Sensibilisation : L'éducation est un puissant moteur du changement. Mettre en place des programmes éducatifs mondiaux qui mettent l'accent sur les valeurs universelles telles que le respect, la tolérance et l'empathie pourrait aider à instaurer une compréhension commune entre les parents et leurs enfants. En travaillant main dans la main avec les écoles et les institutions éducatives, les parents peuvent contribuer à façonner les esprits des futures générations.

2. Plateformes Mondiales de Communication :
Les avancées technologiques ont créé des
possibilités sans précédent pour connecter les gens
à travers le monde. La création de plateformes en
ligne où les parents peuvent partager leurs
expériences, leurs idées et leurs préoccupations
peut aider à forger des liens solides entre des
individus de différents horizons. Ces plateformes
pourraient également servir de moyen pour élaborer
des plans d'action collectifs.

3. Mouvements Sociaux : Les mouvements
sociaux ont montré qu'ils peuvent mobiliser un
grand nombre de personnes pour un changement
positif. Des parents engagés pourraient se
rassembler autour de causes communes, qu'il
s'agisse de l'éducation, de l'environnement, de la
justice sociale ou d'autres domaines. Un
mouvement mondial de parents déterminés à créer
un avenir meilleur pourrait exercer une pression sur
les décideurs politiques et les institutions pour
qu'ils prennent des mesures positives.

4. Partage de Ressources et de Connaissances :
Créer une plateforme où les parents peuvent
partager des idées, des ressources éducatives et des
conseils pratiques pourrait aider à renforcer les
compétences parentales à travers le monde. Le
partage de solutions éprouvées pour relever les
défis quotidiens peut contribuer à créer une culture

d'entraide et de collaboration.

5. Campagnes de Sensibilisation : Des campagnes mondiales de sensibilisation pourraient mettre en lumière les problèmes urgents qui touchent les enfants du monde entier. En mettant en avant des histoires de parents et d'enfants de différentes régions, ces campagnes pourraient susciter de l'empathie et inciter à l'action.

6. Initiatives de Paix et de Réconciliation : Les parents peuvent jouer un rôle crucial dans la promotion de la paix et de la réconciliation au sein de leurs communautés. Des initiatives locales visant à rapprocher des groupes autrefois en conflit pourraient servir de modèles pour des efforts plus vastes de construction de ponts entre différentes cultures et nations.

7. Collaboration avec des Organisations Internationales : Les parents pourraient s'associer à des organisations internationales telles que l'UNICEF, l'OMS et d'autres organismes axés sur les droits de l'enfant et le bien-être familial. Ensemble, ils pourraient développer des programmes et des politiques visant à améliorer les conditions de vie des enfants à travers le monde.

Trouver une idée universelle pour créer un avenir meilleur nécessitera un effort concerté et une volonté de transcender les différences culturelles et politiques. En unissant leurs voix et leurs efforts, les parents du monde entier ont le potentiel de créer un mouvement puissant pour le changement, guidé par un engagement commun envers le bien-être et le futur de leurs enfants.

le changement pour un avenir meilleur doit être impulsé par les populations elles-mêmes plutôt que par les dirigeants. Cette approche repose sur l'idée que les individus, en tant que parents et membres de la société, ont la connaissance la plus profonde de ce qui est nécessaire pour créer un environnement positif et épanouissant pour leurs enfants. Voici comment cela pourrait se réaliser :

1. Leadership Citoyen : Les parents et les membres de la société doivent assumer un rôle de leadership dans la transformation de leur communauté. Ils peuvent organiser des initiatives, des groupes de réflexion et des programmes qui visent à promouvoir des valeurs positives, l'éducation et le bien-être des enfants.

2. Éducation et Préparation : En éduquant les parents sur les enjeux mondiaux, les manipulations médiatiques et les problèmes sociaux, ils seront mieux préparés à guider leurs enfants vers des perspectives éclairées et à les encourager à penser de manière critique et indépendante.

3. Création de Réseaux : Les parents peuvent se connecter au niveau local, national et international pour partager leurs idées et leurs expériences. En établissant des liens avec d'autres parents partageant les mêmes préoccupations, ils peuvent créer un mouvement mondial pour le changement.

4. Sensibilisation et Mobilisation : En organisant des événements, des ateliers et des campagnes de sensibilisation, les parents peuvent mobiliser leur communauté pour des actions positives. Ils peuvent œuvrer en faveur d'une plus grande équité, d'une meilleure éducation, de la protection de l'environnement, et d'autres enjeux importants.

5. Modèles Positifs : Les parents peuvent servir de modèles positifs pour leurs enfants en incarnant les valeurs qu'ils souhaitent transmettre. Leur propre engagement envers un monde meilleur peut inspirer les générations futures à suivre des voies similaires.

6. Responsabilité Partagée : En adoptant une approche de responsabilité partagée, les parents peuvent travailler ensemble pour créer un environnement où chaque enfant a la possibilité de grandir en toute sécurité, avec amour et respect. Cela implique également de tenir les dirigeants et les institutions responsables de la protection et du bien-être des enfants.

7. Mouvement Social : Les parents peuvent jouer

un rôle central dans la création d'un mouvement social mondial pour un avenir meilleur. En se joignant à d'autres groupes et organisations qui partagent les mêmes objectifs, ils peuvent amplifier leur impact et influencer le changement à une échelle plus large.

Il faut mettre en avant une approche citoyenne et participative pour façonner l'avenir de nos enfants et de la société dans son ensemble. En renforçant les liens entre les parents du monde entier et en plaçant la responsabilité et l'autonomie entre leurs mains, et ouvrir la voie à un changement positif qui émane de la base et vise à créer un monde meilleur et plus équitable pour les générations futures.

il est en effet de plus en plus difficile d'accepter la destruction continue de notre monde, perpétrée par une minorité de dirigeants et de riches individus. Il est crucial de reconnaître que les aspirations et les idéaux varient d'un pays à l'autre, et que de nombreuses personnes à travers le monde luttent également pour la véritable liberté et un avenir meilleur. Voici comment mon idée pourrait être développée :

1. Conscience Globale : Il est temps de promouvoir une prise de conscience mondiale sur les enjeux environnementaux, sociaux et économiques. En comprenant que les actions de quelques-uns peuvent avoir un impact néfaste sur l'ensemble de la planète, les citoyens du monde peuvent se mobiliser pour exiger des changements positifs.

2. Collaboration Internationale : La collaboration entre les différentes nations et cultures est essentielle pour résoudre les problèmes mondiaux. Les échanges d'idées, de connaissances et de ressources peuvent contribuer à trouver des solutions collectives pour des défis tels que le changement climatique, la pauvreté et les inégalités.

3. Mouvements Mondiaux : Des mouvements mondiaux et des organisations non gouvernementales peuvent rassembler des personnes de différents horizons pour lutter ensemble en faveur de causes communes. Ils peuvent sensibiliser à l'échelle internationale et exercer une pression sur les dirigeants pour des politiques plus justes et durables.

4. Éducation et Sensibilisation : Informer et éduquer les populations sur les enjeux mondiaux est un pas vers l'action. Les médias, les écoles et les communautés peuvent jouer un rôle important en sensibilisant les gens et en les encourageant à s'engager dans la recherche de solutions.

5. Redéfinition des Priorités : Il est temps de remettre en question les valeurs qui dominent actuellement et de mettre en avant des priorités telles que la durabilité, l'équité et le bien-être de tous. Les dirigeants doivent être tenus responsables de leurs actions et de leurs décisions, afin qu'elles bénéficient à l'ensemble de la population.

6. Empowerment des Citoyens : Les citoyens doivent réaliser qu'ils ont un pouvoir collectif pour apporter des changements positifs. En se rassemblant, en votant de manière éclairée et en participant activement aux processus démocratiques, ils peuvent influencer les politiques et les décisions prises par les dirigeants.

7. Respect de la Diversité : Reconnaître et respecter la diversité des idées et des valeurs à travers le monde est crucial. Il est possible d'apprendre des différentes perspectives et d'œuvrer ensemble pour des solutions qui respectent les besoins de chacun.

En résumé, votre perspective met en lumière l'importance de l'unité mondiale dans la quête d'un avenir meilleur. En remettant en question les comportements destructeurs des dirigeants et en cherchant à créer une conscience globale, vous encouragez un mouvement vers des actions collectives pour la préservation de notre planète et pour le bien-être de tous les habitants.

L'essence d'un livre réside dans sa capacité à

éveiller les esprits, à éclairer les voies de la pensée et à inspirer des générations futures. Cette vocation prend une importance particulière lorsque nous considérons l'avenir de notre monde qui semble se diriger inexorablement vers un précipice. Dans cette perspective, il est impensable que les dirigeants et les élites puissent continuer à orchestrer la destruction de notre planète, alors qu'ils ne constituent qu'une infime minorité. Il est impératif que nous prenions conscience que des idées différentes et des aspirations variées animent d'autres nations, et que ces personnes se battent également pour la liberté et la justice.

Un livre a la puissance de dévoiler des vérités cachées, d'inspirer la prise de conscience et d'encourager les individus à œuvrer pour un monde meilleur. Cependant, il est crucial de s'assurer que ces écrits n'évoluent pas vers une manipulation sournoise ou une propagande insidieuse. Dans une ère où l'information est omniprésente et complexe, les auteurs ont la responsabilité de créer des récits qui élèvent l'intelligence et élargissent les horizons.

Le monde qui nous entoure est malheureusement teinté de superficialité et de distractions. Cette dérive entrave le développement intellectuel et alimente une société de plus en plus aliénée. L'influence du cinéma américain, par exemple, peut être puissante et subtile. En utilisant des images irréalistes et captivantes, il peut modeler les esprits en formation et façonner des croyances insoupçonnées. Les histoires qui mettent en avant des personnages douteux ou des idéaux discutables contribuent à la propagation de valeurs problématiques. La prolifération de la télé-réalité a également contribué à un nivellement intellectuel inquiétant chez nos jeunes.

Dans ce contexte, il est donc primordial que les auteurs prennent la responsabilité d'écrire avec une intention éclairée. Les livres doivent non seulement divertir, mais aussi encourager la réflexion, la critique et l'analyse. Ils doivent servir de remparts contre la manipulation et l'endoctrinement, en éveillant la curiosité et en stimulant l'esprit de recherche de la vérité. En écrivant des histoires qui reflètent la complexité du monde, en mettant en avant des personnages dotés d'une réflexion profonde et en abordant des thèmes sociaux et éthiques pertinents, les auteurs ont le pouvoir d'aider à façonner une génération plus consciente, instruite et résiliente.

Dans cette mission, chaque auteur devient un gardien de la pensée critique et de la lucidité, contribuant ainsi à élever la barre de la littérature au-delà du simple divertissement. En forgeant des histoires riches de sens, en offrant des perspectives alternatives et en encourageant la quête de connaissances, les auteurs peuvent jouer un rôle crucial dans la construction d'un avenir où les esprits sont éveillés et où les générations futures sont préparées à affronter les défis complexes qui les attendent.

Pour mes deux plus jeunes enfants, âgés respectivement de 3 et 6 ans aujourd'hui, j'ai pris la décision de quitter la vie citadine pour la quiétude de la campagne. Mon intention est claire : les éloigner des valeurs futiles et superficielles pour les reconnecter avec la nature et leur apprendre à vivre en parfaite harmonie avec elle. La nature représente un don précieux qui a malheureusement été détourné au profit d'une petite minorité. En tant que parents, nous avons la responsabilité de restaurer ce don et de le transmettre intact aux générations futures, car c'est là notre devoir incontestable.

Dans notre quête de sens et de bien-être, la nature se présente comme une source inestimable d'enseignements. Elle offre des leçons profondes sur l'interdépendance des êtres vivants, la patience, l'adaptation et la résilience. Elle nous rappelle que la vie est un cycle perpétuel, un équilibre délicat entre donner et recevoir. Ces leçons, si simples en apparence, sont en réalité d'une valeur inestimable. En exposant nos enfants à cette symphonie naturelle, nous les éduquons à comprendre le monde qui les entoure de manière authentique et holistique.

En quittant l'agitation des villes, nous ouvrons la porte à une vie où la frénésie de la consommation cède la place à la contemplation, où les écrans s'effacent pour laisser place à la beauté des paysages, où le rythme trépidant s'apaise pour laisser émerger une paix intérieure. Dans ce cadre paisible, nos enfants peuvent explorer, découvrir et apprendre à leur propre rythme. Ils apprennent que le bonheur réside dans les moments simples, les sourires partagés, les aventures vécues.

Mais ce choix n'est pas seulement bénéfique pour nos enfants. En éduquant nos enfants dans le respect de la nature, nous semons les graines d'une prise de conscience collective. Une nouvelle génération éveillée à la beauté fragile de la nature devient naturellement une force pour le changement. Ces enfants grandiront avec un profond respect pour l'environnement, avec la conviction que chaque action compte pour préserver la planète.

Alors que nous célébrons les anniversaires de nos petits, nous célébrons aussi un engagement envers un avenir plus lumineux. La campagne devient une toile où s'épanouissent des valeurs intemporelles : la simplicité, la compréhension et l'harmonie. Nos enfants apprendront à observer le monde avec des yeux émerveillés, à chérir chaque brin d'herbe et chaque cri d'oiseau, à créer des souvenirs profonds qui guideront leurs pas tout au long de leur vie.

Ainsi, en renouant avec la nature et en éduquant nos enfants dans cette perspective, nous leur offrons bien plus qu'un lieu de vie. Nous leur offrons une philosophie, une façon d'être au monde qui les guidera vers un avenir empreint de sens, de gratitude et de responsabilité envers notre précieuse Terre.

J'aspire à un monde meilleur, une réalité où la coexistence est la norme et où le jugement est une notion étrangère. Un monde où les extrêmes n'ont pas leur place, où les divisions artificielles laissent la voie à l'unité et à la compréhension mutuelle. Mon rêve est de retrouver l'innocence des cours de récréation d'antan, avant que nos enfants ne soient imprégnés des préjugés du système.

Dans cette vision, les enfants se mêlent sans contraintes ni barrières. Ils rient ensemble, partagent leurs joies et leurs découvertes. Les discours idéologiques et les manipulations politiques s'effacent pour laisser place à une simplicité bienveillante. La violence physique et verbale devient un vestige du passé, tandis que les coups de bâton laissent la place aux gestes d'affection et de soutien.

C'est un monde où la vie de nos enfants s'épanouit

dans la continuité de leur enfance, guidée par l'amour pour le monde qui les entoure. Les rencontres qu'ils font sont authentiques et précieuses, façonnant leurs expériences de manière positive. Les dirigeants ne cherchent plus à vendre des illusions, mais à préserver le bien-être de chaque individu.

Dans cet avenir meilleur, chaque journée est un cadeau de la nature. Les enfants grandissent en chérissant la beauté du monde qui les entoure, en étant reconnaissants pour les rencontres variées et enrichissantes qu'ils font. Cette gratitude les guide vers des choix conscients, vers des actions qui contribuent à préserver la planète et à construire un avenir plus éclairé.

Dans ce monde que j'imagine, la simplicité et la sincérité règnent en maître. Les différences sont célébrées plutôt que d'être source de conflit. Les enfants grandissent dans une atmosphère empreinte d'amour et de respect, où les valeurs essentielles guident leur chemin. Et finalement, ce cadeau que la nature offre se révèle être la plus belle récompense : un monde où nos enfants évoluent dans l'épanouissement, la tolérance et la paix.

Je suis convaincu que cette force intérieure, ce "Dieu" qui réside en chacun de nous, peut guider nos choix et nos vies de manière profonde. Il est inutile de chercher à l'extérieur de nous-mêmes pour trouver la clé du bonheur et de la véritable réalisation. Les réponses dont nous avons besoin sont déjà en nous, prêtes à être découvertes.

Dans ce monde moderne, nous sommes souvent confrontés à une multitude d'addictions et de distractions qui semblent nous éloigner de notre essence. Cependant, je crois que nous pouvons retrouver notre équilibre en nous reconnectant aux sources fondamentales qui ont nourri l'humanité depuis des millénaires. C'est en revenant à ces racines, en y ajoutant la sagesse acquise grâce aux avancées de l'intelligence humaine et des nouvelles technologies, que nous pourrons créer un avenir meilleur.

La clé réside dans le partage et la coexistence harmonieuse avec toutes les formes de vie qui peuplent notre planète. Depuis des millénaires, nous cohabitons avec d'autres êtres vivants, et il est essentiel de préserver cette interconnexion pour assurer un avenir durable. Nous ne sommes pas seuls sur cette terre, et notre responsabilité envers les générations futures implique de préserver cet écosystème fragile et diversifié.

En nous élevant spirituellement et intellectuellement, nous pouvons façonner un monde où les valeurs fondamentales de respect, d'amour et de partage guident nos actions. Les nouvelles technologies peuvent être mises au service de cette vision, favorisant la communication, l'éducation et la collaboration mondiale pour le bien commun. C'est en puisant dans cette force intérieure et en partageant ces valeurs que nous pouvons travailler ensemble pour créer un avenir où chaque vie, humaine et non humaine, trouve sa place et s'épanouit dans l'harmonie.

Au fil du temps, j'ai ressenti à maintes reprises une sorte de guidance intérieure ou extérieure qui m'a accompagné dans mon cheminement. Cependant, mes perspectives ont évolué et j'ai commencé à remettre en question les croyances et les visions du monde des autres. Mon parcours m'a montré que la vie que je vis actuellement est un précieux cadeau, une opportunité qui m'a été offerte.

Un tournant important s'est produit dans ma vie lorsque j'ai surmonté ma phobie de l'avion pour épouser une femme vietnamienne profondément croyante. Ce choix a été influencé par un alignement de circonstances qui ont abouti à cette rencontre et à ce mariage. Cela m'a fait prendre conscience que le destin peut jouer un rôle étonnant dans nos vies, nous guidant vers des chemins que nous n'aurions peut-être pas envisagés autrement.

Cette expérience m'a également incité à adopter une perspective plus ouverte et tolérante envers les croyances des autres. J'ai compris que chaque individu détient sa propre vérité et sa propre vision du monde, forgées par ses expériences, sa culture et ses croyances. Plutôt que d'imposer mes convictions aux autres, j'ai choisi de partager mes idées et mes expériences tout en respectant le droit de chacun d'avoir sa propre perspective.

Aujourd'hui, je crois en la valeur de la diversité des pensées et des croyances. Chaque être humain est unique et possède une histoire qui lui est propre. Partager nos vérités sans jugement et sans volonté de conversion est une manière de favoriser le dialogue, la compréhension mutuelle et l'enrichissement collectif. Nos expériences de vie variées nous offrent une palette riche pour explorer les différentes facettes de la réalité et pour grandir ensemble en tant qu'êtres humains.

Il est important de reconnaître que nos croyances peuvent évoluer au fil du temps, en fonction de nos expériences et de nos rencontres. Être ouvert à ces changements et respecter ceux des autres est un pas vers la construction d'un monde où chacun peut s'exprimer librement, partager ses idées et vivre en harmonie, quelle que soit sa vision personnelle de la vérité.

Au fil du temps, j'ai maintes fois ressenti le besoin de dialoguer avec les proches que j'ai perdus, et ce sentiment a traversé toute ma vie. Même aujourd'hui, cette connexion persiste. Une habitude qui s'est développée est celle de franchir les portes des églises. Là, je m'immerge dans une atmosphère empreinte de sérénité et, bien que je ne prie pas à proprement parler, je parle intérieurement à Dieu. L'incertitude quant à savoir si mes paroles sont entendues demeure, mais je suis convaincu que mon cheminement a été guidé tout au long de ces années. Je ressens une forme de présence, une direction subtile qui m'a accompagné à travers les hauts et les bas de la vie.

Je crois profondément en une force supérieure, en une entité créatrice qui a donné naissance à notre existence complexe. Mon intuition me dit que cette force nous guide de manière indirecte, influençant nos choix et nos rencontres pour un plus grand dessein. Les interactions avec les proches décédés et les moments passés dans les églises semblent établir une connexion entre le monde terrestre et le spirituel. Ces expériences m'ont appris à entretenir une relation personnelle avec cette force, à m'ouvrir à son influence et à me laisser guider par elle.

Cela me rappelle l'importance de la foi, non seulement en une entité divine, mais aussi en notre propre capacité à ressentir et à comprendre les signes subtils qui jalonnent notre existence. Nos interactions avec le divin, qu'elles soient ressenties à travers des conversations intérieures ou des moments de méditation silencieuse, peuvent être une source de réconfort, d'inspiration et de guidance.

Quand je regarde vers l'avenir, j'ai le désir profond de poursuivre ce voyage intérieur et de continuer à dialoguer avec ce pouvoir supérieur qui m'entoure. En tant qu'être humain, je sais que j'ai beaucoup à apprendre et à découvrir, et j'espère qu'après ma vie sur cette terre, les réponses à certaines de mes questions les plus profondes seront révélées. La croyance en une existence après la mort me réconforte, car j'aime imaginer que je pourrai continuer à veiller sur mes proches et à les protéger, même au-delà de ma vie terrestre.

En fin de compte, que l'on appelle cette force Dieu, l'Univers ou d'autres noms, ce qui importe est la connexion personnelle que nous entretenons avec elle. Cette relation peut être une source d'inspiration, de réflexion et de réconfort, nous guidant dans notre cheminement à travers la vie et au-delà.

Je n'ai pas intégré la totalité de mes idées au sein de ce livre, car je reconnais que les pensées sont sujettes à l'évolution. De la même manière que les actualités se transforment au fil du temps, nos réflexions et concepts évoluent également à la lumière de nouvelles informations et de changements de perspective.

Dans le monde contemporain, où l'accès à l'information est devenu presque instantané grâce à internet, il peut être difficile de discerner les idées pertinentes des informations triviales. Les idées, tout comme les véritables informations, peuvent se perdre dans le flot incessant d'articles, de publications sur les réseaux sociaux et de contenus en ligne de toutes sortes.

Cette profusion d'informations peut avoir pour conséquence de noyer des idées valables au milieu d'un océan de contenus superficiels, sensationnalistes ou trompeurs. De plus, la rapidité avec laquelle l'information circule peut entraîner une désuétude rapide des idées. Celles-ci peuvent sembler pertinentes aujourd'hui, mais être rapidement remplacées par de nouvelles réflexions à mesure que de nouvelles données et analyses sont publiées.

Ainsi, le choix de ne pas tout inclure dans un livre ou tout autre médium fixe peut être motivé par la volonté de laisser de l'espace à l'adaptation et à l'évolution des idées. Cela permet également de mettre en avant les concepts les plus solides et pertinents, qui ont résisté à l'épreuve du temps et des changements rapides de l'information.